FRIEDRICH HÖLDERLIN

Gedichte aus dem Turm

Ausgewählt und mit einem Nachwort von
Karl-Heinz Ott

Carl Hanser Verlag

Der Abdruck der Gedichte erfolgt nach der Ausgabe
Friedrich Hölderlin
Sämtliche Werke und Briefe
Herausgegeben von Michael Knaupp
Carl Hanser Verlag 2019

1. Auflage 2020

ISBN 978-3-446-26656-8
© 2020 Carl Hanser Verlag GmbH & Co KG, München
Umschlag: Peter-Andreas Hassiepen, München
Motiv: Friedrich Hölderlin, 1823,
Bleistiftzeichnung von Johann Georg Schreiner
und Rudolf Lohbauer / © akg-images
Satz im Verlag
Druck und Bindung: GGP Media GmbH, Pößneck
Printed in Germany

Was ist der Menschen Leben ...

Was ist der Menschen Leben ein Bild der Gottheit.
Wie unter dem Himmel wandeln die Irrdischen alle, sehen
Sie diesen. Lesend aber gleichsam, wie
In einer Schrift, die Unendlichkeit nachahmen und den Reichtum
Menschen. Ist der einfältige Himmel
Denn reich? Wie Blüthen sind ja
Silberne Wolken. Es regnet aber von daher
Der Thau und das Feuchtere. Wenn aber
Das Blau ist ausgelöschet, das Einfältige, scheint
Das Matte, das dem Marmelstein gleichet, wie Erz,
Anzeige des Reichtums.

Was ist Gott ...

Was ist Gott? unbekannt, dennoch
Voll Eigenschaften ist das Angesicht
Des Himmels von ihm. Die Blize nemlich
Der Zorn sind eines Gottes. Jemehr ist eins
Unsichtbar,   schiket es sich in Fremdes. Aber der Donner
Der Ruhm ist Gottes. Die Liebe zur Unsterblichkeit
Das Eigentum auch, wie das unsere,
Ist eines Gottes.

Wenn aus der Ferne ...

Wenn aus der Ferne, da wir geschieden sind,
    Ich dir noch kennbar bin, die Vergangenheit
        O du Theilhaber meiner Leiden!
            Einiges Gute bezeichnen dir kann,

So sage, wie erwartet die Freundin dich
    In jenen Gärten, da nach entsezlicher
        Und dunkler Zeit wir uns gefunden?
            Hier an den Strömen der heilgen Urwelt.

Das muß ich sagen, einiges Gutes war
    In deinen Bliken, als in den Fernen du
        Dich einmal fröhlich umgesehen
            Immer verschlossener Mensch, mit finstrem

Aussehn. Wie flossen Stunden dahin, wie still
    War meine Seele über der Wahrheit daß
        Ich so getrennt gewesen wäre?
            Ja! ich gestand es, ich war die deine.

Wahrhafftig! wie du alles Bekannte mir
    In mein Gedächtniß bringen und schreiben willst,
        Mit Briefen, so ergeht es mir auch
            Daß ich Vergangenes alles sage.

Wars Frühling? war es Sommer? die Nachtigall
    Mit süßem Liede lebte mit Vögeln, die
        Nicht ferne waren im Gebüsche
            Und mit Gerüchen umgaben Bäum' uns.

Die klaren Gänge, niedres Gesträuch und Sand
    Auf dem wir traten, machten erfreulicher
        Und lieblicher die Hyacinthe
            Oder die Tulpe, Viole, Nelke.

Um Wänd und Mauern grünte der Epheu, grünt'
    Ein seelig Dunkel hoher Alleeen. Offt
        Des Abends, Morgens waren dort wir
            Redeten manches und sahn uns froh an.

In meinen Armen lebte der Jüngling auf
    Der, noch verlassen, aus den Gefilden kam,
        Die er mir wies, mit einer Schwermuth,
            Aber die Nahmen der seltnen Orte

Und alles Schöne hatt' er behalten, das
    An seeligen Gestaden, auch mir sehr werth
        Im heimatlichen Lande blühet,
            Oder verborgen, aus hoher Aussicht,

Allwo das Meer auch einer beschauen kann,
    Doch keiner seyn will. Nehme vorlieb, und denk
        An die, die noch vergnügt ist, darum,
            Weil der entzükende Tag uns anschien,
Der mit Geständniß oder der Hände Druk

Anhub, der uns vereinet. Ach! wehe mir!
　　Es waren schöne Tage. Aber
　　　　Traurige Dämmerung folgte nachher.

Du seiest so allein in der schönen Welt
　　Behauptest du mir immer, Geliebter! das
　　　　Weist aber du nicht,

Freundschaft, Liebe, Kirch ...

Freundschaft, Liebe, Kirch und Heilge, Kreuze, Bilder,
Altar und Kanzel und Musik. Es tönet ihm die Predigt.
Die Kinderlehre scheint nach Tisch ein schlummernd müßig
Gespräch für Mann und Kind und Jungfraun, fromme Frauen;
Hernach geht er, der Herr, der Burgersmann und Künstler
Auf Feldern froh umher und heimatlichen Auen,
Die Jugend geht betrachtend auch.

Der Frühling.

Wenn auf Gefilden neues Entzüken keimt
    Und sich die Ansicht wieder verschönt und sich
        An Bergen, wo die Bäume grünen,
            Hellere Lüfte, Gewölke zeigen,

O! welche Freude haben die Menschen! froh
    Gehn an Gestaden Einsame, Ruh und Lust
        Und Wonne der Gesundheit blühet,
            Freudiges Lachen ist auch nicht ferne.

An Zimmern.

Von einem Menschen sag ich, wenn der ist gut
    Und weise was bedarf er? Ist irgend eins
        Das einer Seele gnüget? ist ein Haben, ist
           Eine gereifteste Reb' auf Erden

Gewachsen, die ihn nähre? Der Sinn ist deß
    Also. Ein Freund ist oft die Geliebte, viel
        Die Kunst. O Theurer, dir sag ich die Wahrheit.
           Dedalus Geist und des Walds ist deiner.

Der Spaziergang.

Ihr Wälder schön an der Seite,
Am grünen Abhang gemahlt,
Wo ich umher mich leite,
Durch süße Ruhe bezahlt
Für jeden Stachel im Herzen,
Wenn dunkel mir ist der Sinn,
Den Kunst und Sinnen hat Schmerzen
Gekostet von Anbeginn.
Ihr lieblichen Bilder im Thale,
Zum Beispiel Gärten und Baum,
Und dann der Steg der schmale,
Der Bach zu sehen kaum,
Wie schön aus heiterer Ferne
Glänzt Einem das herrliche Bild
Der Landschaft, die ich gerne
Besuch' in Witterung mild.
Die Gottheit freundlich geleitet
Uns erstlich mit Blau,
Hernach mit Wolken bereitet,
Gebildet wölbig und grau,
Mit sengenden Blizen und Rollen
Des Donners, mit Reiz des Gefilds,
Mit Schönheit, die gequollen
Vom Quell ursprünglichen Bilds.

Auf den Tod eines Kindes.

Die Schönheit ist den Kindern eigen,
Ist Gottes Ebenbild vieleicht;
Ihr Eigentum ist Ruh und Schweigen,
Das Engeln auch zum Lob gereicht.

Auf die Geburt eines Kindes.

Wie wird des Himmels Vater schauen
Mit Freude das erwachs'ne Kind,
Gehend auf blumenreichen Auen
Mit andern, welche lieb ihm sind.

Indessen freue dich des Lebens,
Aus einer guten Seele kommt
Die Schönheit herrlichen Bestrebens,
Göttlicher Grund dir mehr noch frommt.

Das Angenehme dieser Welt ...

Das Angenehme dieser Welt hab ich genossen,
Die Jugendstunden sind, wie lang! wie lang! verflossen,
April und Mai und Julius sind ferne,
Ich bin n i c h t s mehr, ich lebe nicht mehr gerne!

Der Kirchhof.

Du stiller Ort, der grünt mit jungem Grase,
Da liegen Mann und Frau, und Kreuze stehn,
Wohin hinaus geleitet Freunde gehn,
Wo Fenster sind glänzend mit hellem Glase.

Wenn glänzt an dir des Himmels hohe Leuchte
Des Mittags, wann der Frühling dort oft weilt,
Wenn geistige Wolke dort, die graue, feuchte
Wenn sanft der Tag vorbei mit Schönheit eilt!

Wie still ist's nicht an jener grauen Mauer,
Wo drüber her ein Baum mit Früchten hängt;
Mit schwarzen thauigen, und Laub voll Trauer,
Die Früchte aber sind sehr schön gedrängt.

Dort in der Kirch' ist eine dunkle Stille
Und der Altar ist auch in dieser Nacht geringe,
Noch sind darin einige schöne Dinge,
Im Sommer aber singt auf Feldern manche Grille.

Wenn Einer dort Reden des Pfarrherrn hört,
Indeß die Schaar der Freunde steht daneben,
Die mit dem Todten sind, welch eignes Leben
Und welcher Geist, und fromm seyn ungestört.

Die Linien des Lebens ...

Die Linien des Lebens sind verschieden
Wie Wege sind, und wie der Berge Gränzen.
Was hier wir sind, kann dort ein Gott ergänzen
Mit Harmonien und ewigem Lohn und Frieden.

Der Frühling.

Wie seelig ists, zu sehn, wenn Stunden wieder tagen,
Wo sich vergnügt der Mensch umsieht in den Gefilden,
Wenn Menschen sich um das Befinden fragen,
Wenn Menschen sich zum frohen Leben bilden.

Wie sich der Himmel wölbt, und außeinander dehnet,
So ist die Freude dann an Ebnen und im Freien,
Wenn sich das Herz nach neuem Leben sehnet,
Die Vögel singen, zum Gesange schreien.

Der Mensch, der offt sein Inneres gefraget,
Spricht von dem Leben dann, aus dem die Rede gehet,
Wenn nicht der Gram an einer Seele naget,
Und froh der Mann vor seinen Gütern stehet.

Wenn eine Wohnung prangt, in hoher Luft gebauet,
So hat der Mensch das Feld geräumiger und Wege
Sind weit hinaus, daß Einer um sich schauet,
Und über einen Bach gehen wohlgebaute Stege.

Nicht alle Tage nennt ...

Nicht alle Tage nennt die schönsten der,
    Der sich zurüksehnt unter die Freuden wo
        Ihn Freunde liebten wo die Menschen
            Über dem Jüngling mit Gunst verweilten.

Aussicht.

Wenn Menschen fröhlich sind, ist dieses vom Gemüthe,
Und aus dem Wohlergehn, doch aus dem Felde kommet,
Zu schaun der Bäume Wuchs, die angenehme Blüthe,
Da Frucht der Erndte noch den Menschen wächst und frommet.

Gebirg umgiebt das Feld, vom Himmel hoch entstehet
Die Dämmerung und Luft, der Ebnen sanfte Wege
Sind in den Feldern ferne, und über Wasser gehet
Der Mensch zu Örtern dort die kühn erhöhten Stege.

Erinnerung ist auch dem Menschen in den Worten,
Und der Zusammenhang der Menschen gilt die Tage
Des Lebens durch zum Guten in den Orten,
Doch zu sich selber macht der Mensch des Wissens Frage.

Die Aussicht scheint Ermunterung, der Mensch erfreuet
Am Nuzen sich, mit Tagen dann erneuet
Sich sein Geschäft, und um das Gute waltet
Die Vorsicht gut, zu Dank, der nicht veraltet.

Der Herbst.

Die Sagen, die der Erde sich entfernen,
Vom Geiste, der gewesen ist und wiederkehret,
Sie kehren zu der Menschheit sich, und vieles lernen
Wir aus der Zeit, die eilends sich verzehret.

Die Bilder der Vergangenheit sind nicht verlassen
Von der Natur, als wie die Tag' verblassen
Im hohen Sommer, kehrt der Herbst zur Erde nieder,
Der Geist der Schauer findet sich am Himmel wieder.

In kurzer Zeit hat vieles sich geendet,
Der Landmann, der am Pfluge sich gezeiget,
Er siehet, wie das Jahr sich frohem Ende neiget,
In solchen Bildern ist des Menschen Tag vollendet.

Der Erde Rund mit Felsen ausgezieret
Ist wie die Wolke nicht, die Abends sich verlieret,
Es zeiget sich mit einem goldnen Tage,
Und die Vollkommenheit ist ohne Klage.

Der Sommer.

Das Erndtefeld erscheint, auf Höhen schimmert
Der hellen Wolke Pracht, indeß am weiten Himmel
In stiller Nacht die Zahl der Sterne flimmert,
Groß ist und weit von Wolken das Gewimmel.

Die Pfade gehn entfernter hin, der Menschen Leben
Es zeigt sich auf Meeren unverborgen,
Der Sonne Tag ist zu der Menschen Streben
Ein hohes Bild, und golden glänzt der Morgen.

Mit neuen Farben ist geschmükt der Gärten Breite,
Der Mensch verwundert sich, daß sein Bemühn gelinget,
Was er mit Tugend schafft, und was er hoch vollbringet,
Es steht mit der Vergangenheit in prächtigem Geleite.

Der Winter.

Wenn blaicher Schnee verschönert die Gefilde,
Und hoher Glanz auf weiter Ebne blinkt,
So reizt der Sommer fern, und milde
Naht sich der Frühling oft, indeß die Stunde sinkt.

Die prächtige Erscheinung ist, die Luft ist feiner,
Der Wald ist hell, es geht der Menschen keiner
Auf Straßen, die zu sehr entlegen sind, die Stille machet
Erhabenheit, wie dennoch alles lachet.

Der Frühling scheint nicht mit Blüthen Schimmer
Dem Menschen so gefallend, aber Sterne
Sind an dem Himmel hell, man siehet gerne
Den Himmel fern, der ändert fast sich nimmer.

Die Ströme sind, wie Ebnen, die Gebilde
Sind, auch zerstreut, erscheinender, die Milde
Des Lebens dauert fort, der Städte Breite
Erscheint besonders gut auf ungemeßner Weite.

Höheres Leben.

Der Mensch erwählt sein Leben, sein Beschließen,
Von Irrtum frei kent Weisheit er, Gedanken,
Erin'rungen, die in der Welt versanken,
Und nichts kann ihm der innern Werth verdrießen.

Die prächtige Natur verschönet seine Tage,
Der Geist in ihm gewährt ihm neues Trachten
In seinem Innern offt, und das, die Wahrheit achten,
Und höhern Sinn, und manche seltne Frage.

Dann kann der Mensch des Lebens Sinn auch kennen,
Das Höchste seinem Zwek, das Herrlichste benennen,
Gemäß der Menschheit so des Lebens Welt betrachten,
Und hohen Sinn als höhres Leben achten.

         Scardanelli.

Höhere Menschheit.

Den Menschen ist der Sinn ins Innere gegeben,
Daß sie als anerkannt das Beßre wählen,
Es gilt als Ziel, es ist das wahre Leben,
Von dem sich geistiger des Lebens Jahre zählen.

                      Scardanelli.

Überzeugung.

Als wie der Tag die Menschen hell umscheinet,
Und mit dem Lichte, das den Höh'n entspringet,
Die dämmernden Erscheinungen vereinet,
Ist Wissen, welches tief der Geistigkeit gelinget.

Der Frühling.

Der Mensch vergißt die Sorgen aus dem Geiste,
Der Frühling aber blüh't, und prächtig ist das Meiste,
Das grüne Feld ist herrlich ausgebreitet
Da glänzend schön der Bach hinuntergleitet.

Die Berge stehn bedeket mit den Bäumen,
Und herrlich ist die Luft in offnen Räumen,
Das weite Thal ist in der Welt gedehnet
Und Thurm und Haus an Hügeln angelehnet.

Mit Unterthänigkeit
Scardanelli.

Der Sommer.

Wenn dann vorbei des Frühlings Blüthe schwindet,
So ist der Sommer da, der um das Jahr sich windet.
Und wie der Bach das Thal hinuntergleitet,
So ist der Berge Pracht darum verbreitet.

Daß sich das Feld mit Pracht am meisten zeiget,
Ist, wie der Tag, der sich zum Abend neiget;
Wie so das Jahr enteilt, so sind des Sommers Stunden
Und Bilder der Natur dem Menschen oft verschwunden.

d. 24. Mai
  1778.   Scardanelli.

Des Geistes Werden ...

Des Geistes Werden ist den Menschen nicht verborgen,
Und wie das Leben ist, das Menschen sich gefunden,
Es ist des Lebens Tag, es ist des Lebens Morgen,
Wie Reichtum sind des Geistes hohe Stunden.

Wie die Natur sich dazu herrlich findet,
Ist, daß der Mensch nach solcher Freude schauet,
Wie er dem Tage sich, dem Leben sich vertrauet,
Wie er mit sich den Bund des Geistes bindet.

Der Herbst.

Das Glänzen der Natur ist höheres Erscheinen,
Wo sich der Tag mit vielen Freuden endet,
Es ist das Jahr, das sich mit Pracht vollendet,
Wo Früchte sich mit frohem Glanz vereinen.

Das Erdenrund ist so geschmükt, und selten lärmet
Der Schall durchs offne Feld, die Sonne wärmet
Den Tag des Herbstes mild, die Felder stehen
Als eine Aussicht weit, die Lüffte wehen

Die Zweig' und Äste durch mit frohem Rauschen
Wenn schon mit Leere sich die Felder dann vertauschen,
Der ganze Sinn des hellen Bildes lebet
Als wie ein Bild, das goldne Pracht umschwebet.

d. 15ten Nov.
1759.

Winter.

Wenn sich das Laub auf Ebnen weit verloren,
So fällt das Weiß herunter auf die Thale,
Doch glänzend ist der Tag vom hohen Sonnenstrale,
Es glänzt das Fest den Städten aus den Thoren.

Es ist die Ruhe der Natur, des Feldes Schweigen
Ist wie des Menschen Geistigkeit, und höher zeigen
Die Unterschiede sich, daß sich zu hohem Bilde
Sich zeiget die Natur, statt mit des Frühlings Milde.

d. 25 Dezember 1841.
Dero
unterthänigster
Scardanelli.

Der Winter.

Das Feld ist kahl, auf ferner Höhe glänzet
Der blaue Himmel nur, und wie die Pfade gehen
Erscheinet die Natur, als Einerlei, das Wehen
Ist frisch, und die Natur von Helle nur umkränzet.

Der Erde Rund ist sichtbar von dem Himmel
Den ganzen Tag, in heller Nacht umgeben
Wenn hoch erscheint von Sternen das Gewimmel,
Und geistiger das weit gedehnte Leben.

Der Sommer.

Noch ist die Zeit des Jahrs zu sehn, und die Gefilde
Des Sommers stehn in ihrem Glanz, in ihrer Milde;
Des Feldes Grün ist prächtig ausgebreitet,
Allwo der Bach hinab mit Wellen gleitet.

So zieht der Tag hinaus durch Berg und Thale,
Mit seiner Unaufhaltsamkeit und seinem Strale,
Und Wolken ziehn in Ruh', in hohen Räumen,
Es scheint das Jahr mit Herrlichkeit zu säumen.

       Mit Unterthänigkeit
       Scardanelli

d. 9ten Merz
 1940.

Der Frühling.

Wenn neu das Licht der Erde sich gezeiget,
Von Frühlingsreegen glänzt das grüne Thal und munter
Der Blüthen Weiß am hellen Strom hinunter,
Nachdem ein heitrer Tag zu Menschen sich geneiget.

Die Sichtbarkeit gewinnt von hellen Unterschieden,
Der Frühlingshimmel weilt mit seinem Frieden,
Daß ungestört der Mensch des Jahres Reiz betrachtet,
Und auf Vollkommenheit des Lebens achtet.

        Mit
        Unterthänigkeit
         Scardanelli.
d. 15. Merz.
1842

Aussicht.

Der offne Tag ist Menschen hell mit Bildern,
Wenn sich das Grün aus ebner Ferne zeiget,
Noch eh' des Abends Licht zur Dämmerung sich neiget,
Und Schimmer sanft den Glanz des Tages mildern.

Oft scheint die Innerheit der Welt umwölkt verschlossen,
Des Menschen Sinn, von Zweifeln voll, verdrossen,
Die prächtige Natur erheitert seine Tage,
Und ferne steht des Zweifels dunkle Frage.

                              mit Unterthänigkeit
                                  Scardanelli.

d. 24ten Merz
  1871

Der Sommer.

Im Thale rinnt der Bach, die Berg' an hoher Seite,
Sie grünen weit umher an dieses Thales Breite,
Und Bäume mit dem Laube stehn gebreitet,
Daß fast verborgen dort der Bach hinunter gleitet.

So glänzt darob des schönen Sommers Sonne,
Daß fast zu eilen scheint des hellen Tages Wonne,
Der Abend mit der Frische kommt zu Ende,
Und trachtet, wie er das dem Menschen noch vollende.

                              mit Unterthänigkeit
                                  Scardanelli.

d. 24 Mai
 1758.

Der Sommer.

Die Tage gehn vorbei mit sanffter Lüffte Rauschen,
Wenn mit der Wolke sie der Felder Pracht vertauschen,
Des Thales Ende trifft der Berge Dämmerungen,
Dort, wo des Stromes Wellen sich hinabgeschlungen.

Der Wälder Schatten sind umhergebreitet,
Wo auch der Bach entfernt hinuntergleitet,
Und sichtbar ist der Ferne Bild in Stunden,
Wenn sich der Mensch zu diesem Sinn gefunden.

  d. 24 Mai   Scardanelli.
   1758.

Der Mensch.

Wenn aus sich lebt der Mensch und wenn sein Rest sich zeiget,
So ist's, als wenn ein Tag sich Tagen unterscheidet,
Daß ausgezeichnet sich der Mensch zum Reste neiget,
Von der Natur getrennt und unbeneidet.

Als wie allein ist er im andern weiten Leben,
Wo rings der Frühling grünt, der Sommer freundlich weilet
Bis daß das Jahr im Herbst hinunter eilet,
Und immerdar die Wolken uns umschweben.

d. 28ten Juli   mit Unterthänigkeit
    1842   Scardanelli.

Der Winter.

Wenn ungesehn und nun vorüber sind die Bilder
Der Jahreszeit, so kommt des Winters Dauer,
Das Feld ist leer, die Ansicht scheinet milder,
Und Stürme wehn umher und Reegenschauer.

Als wie ein Ruhetag, so ist des Jahres Ende,
Wie einer Frage Ton, daß dieser sich vollende,
Als dann erscheint des Frühlings neues Werden,
So glänzet die Natur mit ihrer Pracht auf Erden.

                                          Mit Unterthänigkeit
d. 24 April   Scardanelli.
  1849

Der Winter.

Wenn sich das Jahr geändert, und der Schimmer
Der prächtigen Natur vorüber, blühet nimmer
Der Glanz der Jahreszeit, und schneller eilen
Die Tage dann vorbei, die langsam auch verweilen.

Der Geist des Lebens ist verschieden in den Zeiten,
Der lebenden Natur verschiedne Tage breiten
Das Glänzen aus, und immerneues Wesen
Erscheint den Menschen recht, vorzüglich und erlesen.

d. 24 Januar   Mit Unterthänigkeit
   1676.   Scardanelli.

Der Winter.

Wenn sich der Tag des Jahrs hinabgeneiget
Und rings das Feld mit den Gebirgen schweiget,
So glänzt das Blau des Himmels an den Tagen,
Die wie Gestirn in heitrer Höhe ragen.

Der Wechsel und die Pracht ist minder umgebreitet,
Dort, wo ein Strom hinab mit Eile gleitet,
Der Ruhe Geist ist aber in den Stunden
Der prächtigen Natur mit Tiefigkeit verbunden.

                      Mit Unterthänigkeit
                      Scardanelli.

d. 24
 Januar
  1743.

Der Zeitgeist.

Die Menschen finden sich in dieser Welt zum Leben,
Wie Jahre sind, wie Zeiten höher streben,
So wie der Wechsel ist, ist übrig vieles Wahre,
Daß Dauer kommt in die verschied'nen Jahre;
Vollkommenheit vereint sich so in diesem Leben,
Daß diesem sich bequemt der Menschen edles Streben.

	Mit Unterthänigkeit
24. Mai 1748.	Scardanelli.

Griechenland.

Wie Menschen sind, so ist das Leben prächtig,
Die Menschen sind der Natur ofters mächtig,
Das prächt'ge Land ist Menschen nicht verborgen
Mit Reiz erscheint der Abend und der Morgen.
Die offnen Felder sind als in der Erndte Tage
Mit Geistigkeit ist weit umher die alte Sage,
Und neues Leben kommt aus Menschheit wieder
So sinkt das Jahr mit einer Stille nieder.

                                      Mit Unterthänigkeit
Den 24t. Mai 1748   Scardanelli.

Der Frühling.

Es kommt der neue Tag aus fernen Höhn herunter,
Der Morgen der erwacht ist aus den Dämmerungen,
Er lacht die Menschheit an, geschmükt und munter,
Von Freuden ist die Menschheit sanft durchdrungen.

Ein neues Leben will der Zukunft sich enthüllen,
Mit Blüthen scheint, dem Zeichen froher Tage,
Das große Thal, die Erde sich zu füllen,
Entfernt dagegen ist zur Frühlingszeit die Klage.

Mit Unterthänigkeit
Scardanelli.

d. 3ten März 1648.

Der Frühling.

Der Tag erwacht, und prächtig ist der Himmel,
Entschwunden ist von Sternen das Gewimmel,
Der Mensch empfindet sich, wie er betrachtet,
Der Anbeginn des Jahrs wird hoch geachtet.

Erhaben sind die Berge, wo die Ströme glänzen,
Die Blüthenbäume sind, als wie mit Kränzen,
Das junge Jahr beginnt, als wie mit Festen,
Die Menschen bilden mit Höchsten sich und Besten.

                          mit Unterthänigkeit
d. 24 Mai
  1748.   Scardanelli.

Der Frühling.

Wenn aus der Tiefe kommt der Frühling in das Leben,
Es wundert sich der Mensch, und neue Worte streben
Aus Geistigkeit, die Freude kehret wieder
Und festlich machen sich Gesang und Lieder.

Das Leben findet sich aus Harmonie der Zeiten,
Daß immerdar den Sinn Natur und Geist geleiten,
Und die Vollkommenheit ist Eines in dem Geiste,
So findet vieles sich, und aus Natur das Meiste.

                        Mit Unterthänigkeit
d. 24 Mai   Scardanelli.
 1758.

Der Frühling.

Die Sonne glänzt, es blühen die Gefilde,
Die Tage kommen blüthenreich und milde,
Der Abend blüht hinzu, und helle Tage gehen
Vom Himmel abwärts, wo die Tag' entstehen.

Das Jahr erscheint mit seinen Zeiten
Wie eine Pracht, wo Feste sich verbreiten,
Der Menschen Thätigkeit beginnt mit neuem Ziele,
So sind die Zeichen in der Welt, der Wunder viele.

                                       mit Unterthänigkeit
d. 24 April   Scardanelli.
  1839.

Freundschafft.

Wenn Menschen sich aus innrem Werthe kennen,
So können sie sich freudig Freunde nennen,
Das Leben ist den Menschen so bekannter,
Sie finden es im Geist interessanter.

Der hohe Geist ist nicht der Freundschafft ferne,
Die Menschen sind den Harmonien gerne
Und der Vertrautheit hold, daß sie der Bildung leben,
Auch dieses ist der Menschheit so gegeben.

                          Mit Unterthänigkeit
d. 20 Mai   Scardanelli.
 1758.

Der Frühling.

Die Sonne kehrt zu neuen Freuden wieder,
Der Tag erscheint mit Stralen, wie die Blüthe,
Die Zierde der Natur erscheint sich dem Gemüthe,
Als wie entstanden sind Gesang und Lieder.

Die neue Welt ist aus der Thale Grunde,
Und heiter ist des Frühlings Morgenstunde,
Aus Höhen glänzt der Tag, des Abends Leben
Ist der Betrachtung auch des innern Sinns gegeben.

d. 20   Mit Unterthänigkeit
 Jan.   Scardanelli.
  1758.

Die Aussicht.

Wenn in die Ferne geht der Menschen wohnend Leben,
Wo in die Ferne sich erglänzt die Zeit der Reben,
Ist auch dabei des Sommers leer Gefilde,
Der Wald erscheint mit seinem dunklen Bilde;

Daß die Natur ergänzt das Bild der Zeiten,
Daß die verweilt, sie schnell vorübergleiten,
Ist aus Vollkommenheit, des Himmels Höhe glänzet
Dem Menschen dann, wie Bäume Blüth' umkränzet.

                        Mit Unterthänigkeit
d. 24 Mai
  1748.   Scardanelli.

Der Weg ins Schlichte
und ins Schweigen

Die späte Entdeckung des späten Hölderlin

Im September 1806 wird Hölderlin ins Authenrieth'sche Klinikum eingeliefert, in die Alte Burse, wenige Schritte vom heutigen Hölderlinturm, in unmittelbarer Nachbarschaft zum Tübinger Stift, wo er knapp zwanzig Jahre zuvor mit Hegel und Schelling auf einem Zimmer gehaust hat und die drei ein großes poetisch-philosophisches Programm entworfen haben, das wieder Sinn in die Welt bringen sollte. Während Schelling und Hegel bald als Professoren ihren Weg machen, verdingt Hölderlin sich die ganzen Jahre als Hauslehrer, immer in der Hoffnung, er könne einst als Dichter leben. Diese Hoffnung erfüllt sich nicht im Geringsten. Von seinem »Hyperion« sind 350 Exemplare gedruckt worden, in Almanachen sind einzelne Gedichte erschienen, mehr gibt es nicht.

Am 11. September 1806 schreibt die Landgräfin von Hessen-Homburg ihrer Tochter: »Le pauvre Holterling a été transporté ce matin ...« – der arme Holterling ist heute Morgen abtransportiert worden. Einen Monat davor schreibt Sinclair an Hölderlins Mutter: »Es ist ... nicht mehr möglich, dass mein unglücklicher Freund, dessen Wahnsinn eine sehr hohe Stufe erreicht hat, länger ... hier in Homburg bleibe ... Seine Irrungen haben den Pöbel dahier so sehr gegen ihn aufgebracht, daß ... die ärgsten Misshandlungen seiner Person zu befürchten stünden, und daß seine längere Freiheit selbst dem Publikum gefährlich werden könnte ...«. Schon länger beobachten Weggefährten, wie sein Zustand von Jahr zu Jahr beunruhigender wird. Wutanfälle wechseln ab mit Schwermutsanwandlungen, immer wieder ist er völlig in sich abgesunken, dann wieder will er eine literarische Zeitschrift gründen, die ihm das Überleben sichern soll, doch in jeden Anflug von Hochstimmung drängen sich schnell Vergeblichkeitsgefühle.

Seine Mutter will, dass er Pfarrer wird, nur deshalb hat sie ihn studieren lassen. Sie kann bloß den Kopf darüber schütteln, dass er sich zum Dichter berufen fühlt und brotlos dahinlebt. Solange er sich ihrem Willen nicht fügt, weigert sie sich, ihm das Erbe des toten Vaters auszubezahlen. Zeitlebens bleibt Hölderlin angewiesen auf ihr Geld. Früh schon findet sich in seinen Briefen die Klage, dass für ihn kein Platz sei in dieser Welt. Seinen Hyperion lässt er daran verzweifeln, dass man nicht in herrlicheren Zeiten lebt.

Im Sommer 1802 kehrt Hölderlin völlig verstört zurück aus Bordeaux, wo er ein knappes halbes Jahr als Hauslehrer gearbeitet hat. Der Tod seiner geliebten Susette, der Frau des Frankfurter Bankiers Gontard, gibt ihm den Rest. Als er in Homburg – bloß noch pro forma – die Stelle eines Hofbibliothekars innehat, verschlimmert sich sein Zustand so sehr, dass man ihn nach Tübingen in die Klinik bringen lässt, gegen seinen Willen. Um seiner Unruhen Herr zu werden, fesselt man ihn an präparierte Stühle und stülpt ihm Gesichtsmasken über. Autenrieths Methoden gelten als fortschrittlich, zu drastischen Mitteln greift er nur bei Tobsuchtsanfällen. Als man ihn nach sieben Monaten entlässt, gibt Autenrieth ihm allenfalls noch drei Jahre zu leben; seine Diagnose: unheilbar.

Schräg gegenüber wohnt am Neckar ein Tischlermeister namens Ernst Zimmer, der den »Hyperion« gelesen hat. Er nimmt Hölderlin in sein Haus, wo er ein Turmzimmer bekommt. Nie wieder wird Hölderlin diesen Turm verlassen, außer für Spaziergänge in die nähere Umgebung. Aus den prognostizierten drei Jahren werden sechsunddreißig.

Zahlreiche Dokumente geben Auskunft über seine Zustände, vor allem Briefe von Zimmer und von Besuchern wie Ludwig Uhland, Wilhelm Waiblinger und Justinus Kerner, der Hölderlin bereits im Klinikum ärztlich betreut hat. Zuletzt geht am häufigsten Christoph Theodor Schwab bei ihm aus und ein, der Sohn des »Sagen-Schwab« Gustav. Sie alle sprechen von Zerrüttung, aber auch von anrührenden Momenten. Tagelang repetiert Hölderlin die immer gleichen Töne auf dem Klavier und brummt dazu, dann wieder stellt er eine Woche lang das Geschirr nur vor die Tür und will niemanden sehen, ganze Tage und Nächte geht er auf und ab, rast- und ruhelos, seine Besucher spricht er mit Ehrwürden an und legt ein seltsam höfisches Benehmen an den Tag, er selbst will als Hofbibliothekar tituliert werden. Unmutsanfälle wechseln mit schierer Apathie, störrisches Verhalten mit eigentümlicher Geselligkeit; was einzig sich durchhält, ist seine Unberechenbarkeit. Christoph Theodor Schwab berichtet: »Er redet einen ... nie an, sondern spricht blos vor sich hin, was er denkt.« Bei Waiblinger heißt es, er tobe sich aus »in ungestümmen Discursen mit sich selbst«.

Im 19. Jahrhundert bleibt Hölderlin weitgehend unbekannt. Ausnahmen wie Nietzsche, der einen hymnischen Schulaufsatz über ihn schreibt, bestätigen die Regel. Sein Lehrer rät ihm, er möge sich »an einen gesundern, klareren, deutscheren Dichter« halten. Zu Hölderlins Lebzeiten interessiert man sich mehr für das sonderbare Wesen im Turm als für sein Werk. Zwar bringen Gustav Schwab und Uhland 1826 eine Gedichtsammlung heraus, sie zeigt jedoch, wie vormundschaftlich man in seine Verse eingreift, in der Absicht, sie verständlicher zu machen. Das heutzutage so berühmte Gedicht »Hälfte des Lebens« findet sich darin nicht, man glaubt in ihm bereits Züge des Wahnsinns zu erkennen. Hölderlin selbst ist nicht glücklich über diese Ausgabe, aus guten Gründen. Schon ein paar Jahre zuvor schreibt sein einstiger Stifts-Repetent Conz an Kerner, man müsse für jedwede Gedichtauswahl die Spreu vom Weizen trennen. Auch Zeitgenossen, die ihn fördern wollen, stoßen sich an seinem »gesuchten Dunkel« und an der »manierierten gräcisierenden Form«. Als der junge Dichter Leo von Seckendorf 1807 in seinem »Musenalmanach« Hölderlin-Gedichte abdruckt, bekennt er Kerner: »Ich habe sie ... hie und da verändern müssen, um ... Sinn hineinzubringen.« Man überlegt sogar, Gedichte ohne seinen Namen herauszubringen, um ihn zu schonen.

Gleichzeitig spricht man Hölderlin Göttlichkeit zu, aufgrund seines Wahnsinns. De la Motte Fouqué schreibt 1812 an Uhland: »Ein wahnsinniger Dichter erscheint mir ganz besonders furchtbar, und rührend, und geheiligt.« Bettine schreibt an die Günderode: »Gewiß ist mir doch bei diesem Hölderlin, als müsse eine göttliche Gewalt wie mit Fluthen ihn überströmt haben.« Im »Morgenblatt für gebildete Stände« heißt es 1827, Hölderlin »sey nicht nur ein Dichter, sondern auch selbst ein Gedicht«. In Waiblingers 1831 erschienenem »Friedrich Hölderlin's Leben, Dichtung und Wahnsinn« ist viel von seiner Besonderheit die Rede und wenig von seiner Dichtung. Was Aufsehen erregt, ist die Gestalt im Turm, fast möchte man meinen, sie werde zur Zoofigur.

Die Gedichte aus dieser Zeit interessieren ohnehin nicht, sie gelten als Symptome der Zerrüttung. Zwar lodert für Norbert von Hellingrath, der ab 1913 die erste Hölderlin-Gesamtausgabe herausgibt, in Hölderlins Wahnsinn göttliches Feuer, doch in seinen späten Hervorbringungen kann er keinen künstlerischen Gestaltungswillen mehr erkennen, sie zeugen in seinen Augen von »willenlosem Gleitenlassen«: »Er selber, der doch kaum erst in der Mitte des Lebens steht, ahnt, daß ... sein Leben in die flache Brache eines Winters auslaufen will, ... denn er ist müde und verwirrt von der bunten Wunderfülle der Götterwelt, die sich seinem Blick aufgetan ...«, heißt es bei Hellingrath. Schon für Mörike sind die späten Verse »äußerst mattes Zeug«, wobei das Gedicht »Freundschaft, Liebe, Kirch und Heilge« in seinen Ohren beinahe »diabolisch naiv« klingt.

Meister Zimmer berichtet, Hölderlin habe diese Gedichte aus dem Augenblick heraus ersonnen und sie verschenkt. Bittet ein Besucher um ein Gedicht, fragt Hölderlin: »Wünschen Ev. Heiligkeit eines über den Zeitgeist, über Griechenland, über die Jahreszeiten?« Ob sie ihm tatsächlich aus der Hand fließen, muss dahingestellt bleiben, vielleicht trägt er sie auch im Kopf herum, um bei geeigneter Gelegenheit eines hervorzuzaubern. Sie berühren in ihrer Schlichtheit und lassen an Matthias Claudius denken, in dessen »Abendlied« es heißt: »Laß uns einfältig werden«, womit nichts Dummes gemeint ist, sondern ein Seelenzustand, den keine Zerrissenheit mehr quält. Durch gesuchtes Dunkel zeichnen sie sich jedenfalls nicht mehr aus, vergessen scheinen auch alle geschichtsmythischen Visionen, mit denen Hölderlin einst eine strahlende Antike herbeiphantasiert hat, die es wiederzugewinnen galt. Die Antike hat ausgespielt, sieht man ab von einem einzigen Gedicht, das Griechenland im Titel trägt, ohne erkennbaren Bezug. Wie die meisten andern handelt es vom Kreislauf der Tage und Jahre, der Titel wirkt wie angeklebt, vollkommen erratisch.

Fast alle Jahreszeiten-Gedichte sind mit Scardanelli unterzeichnet, häufig in der Variante: »Mit Unterthänigkeit Scardanelli« oder »Dero Unterthänigster Scardanelli.« Meist tragen sie ein Datum, das vor Hölderlins Geburt liegt oder nach seinem Tod, wie etwa »d. 24. Januar 1676« oder »d. 24ten Merz 1871«. Schwab berichtet Anfang 1841: »D. 16. Jan. war ich bei Hölderlin. Er hatte in der Nacht und Vormittags stark getobt. Doch war er Nachmittags um 2, wo ich ihn bei etwas aufgeheitertem Wetter besuchte, verhältnißmäßig beruhigt. ... Als ich seine

Gedichte aufschlug, litt er's nicht ... Heute war ich wieder bei ihm, um einige Gedichte, die er gemacht hatte, abzuholen. Es waren zwei, unter denen keine Unterschrift war. Zimmer's Tochter sagte mir, ich solle ihn bitten, den Namen H. drunter zu schreiben. Ich gieng zu ihm hinein und that es, da wurde er ganz rasend, rannte in der Stube umher, nahm den Sessel und setzte ihn ungestüm bald da, bald dorthin, schrie unverständliche Worte, worunter: ›Ich heiße Skardanelli‹ deutlich ausgesprochen war, endlich setzte er sich doch und schrieb in seiner Wuth den Namen Skardanelli darunter.«

Als der Linguist Roman Jakobson 1976 – zusammen mit Grete Lübbe-Grothues – eine strukturalistische Analyse des Turmgedichts »Die Aussicht« publiziert, legt er Wert darauf, dass man es als ein Werk von Scardanelli ansieht und nicht von Hölderlin. Er gelangt zu dem Schluss, dass dieser Name auf Don Juans Diener Sganarelle anspielt, der in Molières Stück eine ähnliche Dienstfertigkeit an den Tag legt wie Hölderlin mit seinem »Unterthänigst«. Laut Jakobson darf man »Die Aussicht« auf keinen Fall als Erlebnisgedicht missverstehen, mit dem Blick in eine Landschaft habe es nichts zu tun. Seine Bedeutung erschließt sich für ihn allein aus den inwendigen Bezügen eines reinen Sprachgebildes, in dem sich keinerlei Wirklichkeit spiegelt.

Alle, die Hölderlin erlebt haben, heben dagegen hervor, wie ruhig er wird, wenn er lange zum Fenster hinausblickt, sei es im Turm, sei es in Waiblingers Gartenhaus, wohin man ihn immer wieder mitnimmt. Im Dezember 1835 heißt es in einem Brief von Zimmer: »Hölderlin... ist noch ein großer Natur Freund und kan in seinem Zimmer daß ganze Näkerthal samt dem Steinlacher Thal übersehen.« Die Platanenallee auf der Neckarinsel wird erst 1828 gepflanzt, Häuser stehen auf der anderen Seite des Neckars noch nicht, Hölderlin blickt auf Wiesen und Felder, am Horizont erhebt sich die Schwäbische Alb. Bei Waiblinger lesen wir: »Ein Glück für ihn ist es, daß er von seinem Zimmerchen aus eine wirklich recht lachende Aussicht auf den Neckar, der sein Haus bespült, und auf ein liebliches Stück Wiesen- und Berglandschaft genießt. Davon gehen noch eine Menge klarer und wahrer Bilder in die Gedichte über, die er schreibt, wenn ihm der Tischler Papier gibt.«

Die Bemerkung »wenn ihm der Tischler Papier gibt« lässt aufhorchen. Schwab vermutet, man habe ihm häufig Papier vorenthalten, da er sofort drauflos schrieb, ohne aufhören zu können, ihn dieses manische Schreiben aber in furchtbare Erregung versetzte. In Waiblingers Roman »Phaëton« lässt der gleichnamige Protagonist nicht nur unschwer Züge von Hölderlin erkennen, es ist dort sein gesamter Prosatext »In lieblicher Bläue« aus der Turmzeit aufgenommen. Waiblinger gibt ihn als »Phaëtons letzte Aufzeichnungen« aus und erklärt einleitend: »Er spielte viel auf dem Klavier, aber lauter verwirrte Phantasien. Schrecklich war's, den Wahnsinnigen spielen zu hören! Des Nachts stand er meistens auf und wandelte durch den Garten ... Alles, was er bekommen konnte von Papier, überschrieb er in dieser Zeit.« Auch in Waiblingers Hölderlin-Biographie lesen wir: »Anfänglich schrieb er viel, und füllte alle Papiere an, die man ihm in die Hand gab ... Er hatte einen durchaus sonderbaren Styl angenommen.«

Hellingrath kann mit den Turmgedichten nicht viel anfangen, sie zeugen für ihn vom Niedergang. Diese Sicht bleibt lange bestimmend, so lange jedenfalls, bis man im Gefolge von '68 im kranken Hölderlin keinen wirklich Kranken mehr erkennen will, sondern einen Jakobiner, der für seinen Widerstand gegen die Verhältnisse bitter büßen muss. Die einen behaupten, er habe seinen Wahnsinn bloß gespielt, die andern widersetzen sich klinischen Zuschreibungen und erblicken in seinem Leiden weniger ein Leiden als eine Überschreitung, die unsere Normen ins Wanken geraten lässt. Kann Paul de Man 1970 noch ganz selbstverständlich feststellen: »Mit 35 werden die Symptome einer Schizophrenie bei ihm so offenkundig, dass er nicht mehr in der Lage ist, ein normales Leben zu führen«, versucht man nun nachzuweisen, dass er sich lediglich zurückgezogen hat und mitnichten verrückt war. Seine Wirrnis gerät fortan zum Adelsprädikat: Sie hebt ihn aus dem Haufen der Angepassten heraus, seine Krankheit entpuppt sich als Aufbegehren gegen eine Welt, die etwas Erstickendes besitzt.

Pierre Bertaux kürt ihn zum politischen Helden, der seinen Wahn nur vortäuscht, aufgrund politischer Verfolgung. Mit seiner These, Hölderlin sei nicht verrückt gewesen, sorgt Bertaux für ein neues, wirkmächtiges Hölderlin-Bild. Warum er dieses Spiel sechsunddreißig Jahre lang durchhält, kann Bertaux so wenig begründen wie er belegen kann, dass Hölderlin je an einer subversiven Zusammenkunft teilgenommen hat. Noch weniger kann er erklären, warum er bereits zwei Jahre vor der Gefangennahme seines Freundes Sinclair völlig wirr erscheint und Schelling damals an Hegel schreibt: »Er vernachlässigt sein Äußeres bis zum Ekelhaften ... – Hier zu Lande ist keine Hoffnung ihn herzustellen.«

Um seine Theorie zu stützen, muss Bertaux Waiblingers Hölderlin-Biographie als Phantasieprodukt abstempeln. Nichts sei bei ihm für bare Münze zu nehmen, erklärt er, es sei ihm überhaupt nicht um Hölderlin gegangen, er habe ihn bloß als Projektionsfläche für seine eigenen Phantasiegebilde benutzt. Was Bertaux Waiblinger an Absichten unterstellt, wirft ein Licht auf ihn selbst. Schließlich will auch er das künftige Hölderlin-Bild prägen, in radikaler Abgrenzung von allem Bisherigen. Der Zeitgeist kommt Bertaux entgegen. Wenige Jahrzehnte zuvor haben die Nazis Hölderlin zu ihrem völkischen Dichterheiland erkoren, auf einmal steht er in der entgegengesetzten Ecke. Bertaux hat leichtes Spiel, seine Thesen kommen mehr als gelegen.

Wäre Waiblinger der Einzige, der Hölderlin als verworren schildert, könnte man Bertaux vielleicht recht geben. Weil aber kein einziges Dokument seinen Zustand anders beschreibt, behauptet er, die meisten Turmbesucher hätten nie einen Fuß in den Turm gesetzt und lediglich Waiblingers Legenden nachgeplappert. Kerner, Uhland und Schwab stehen als Lügner da und Papageien, selbst Zimmers Auskünfte zählen nicht. Gegen Ende seines Lebens soll Bertaux bekannt haben, dass er selbst an seine Theorie nie ganz geglaubt habe; es sei jedoch wichtig gewesen, sie in die Welt zu setzen. Immerhin, er hat viel damit erreicht. Und sei es, dass man seither anders auf die Turmzeit blickt, selbst wenn man Hölderlin nicht für einen Simulanten hält und nicht zweifelt an seiner Zerrüttung.

Für Foucault spricht aus Hölderlins Wahnsinn die Weigerung, sich unserem westlichen Vernunftdiktat zu beugen. Deleuze und Guattari feiern Hölderlin im »Anti-Ödipus« als nomadischen Widerpart zu den gesetzelten Klassikern Goethe und Schiller. Hölderlin, Lenz und Artaud sind für sie anarchische Schizos, die sich jenem immergleichen ödipalen Spiel verweigern, das aus Unterwerfung besteht und aus Machtaneignung. Schizos lassen sich in keine Schablonen pressen, sie sind nicht dies, sie sind nicht das, sie bleiben ungreifbar. Auch für Derrida bewegt Hölderlin sich an ähnlichen Rändern wie Artaud. Beide zertrümmern unsere »dualistische Metaphysik«, die zu wissen meint, wo die Vernunft endet und wo der Wahnsinn beginnt. Hölderlin löst wie Artaud alle Gewissheiten auf, mit diesen beiden kehrt wieder, was unsere abendländischen Denkmuster ins Abseits drängen.

Nach einem Besuch in Tübingen entsteht 1961 Paul Celans Gedicht »Tübingen. Jänner«. Dort ist von »schwimmenden Hölderlintürmen« die Rede, die sich im Neckar spiegeln, und von jenem »Pallaksch, Pallaksch«, das Hölderlin vor sich hin gebrabbelt haben soll und in Situationen benutzt, wo er weder Nein sagen will noch Ja. Aus der »Rhein«-Hymne zitiert Celan die äußerst deutungsbedürftige Formulierung »ein Rätsel ist Reinentsprungenes«, enden lässt er sein Gedicht mit lyrisch inszeniertem Gestotter: »nur lallen und lallen, / immer-, immer – / zuzu.« In seiner Dankesrede zum Büchner-Preis kommt Celan auf zwei Dinge zu sprechen: auf das Unheimliche und auf das Schweigen, die unsere neuere Dichtung begleiten. Dieses Schweigen muss nicht in Stille gipfeln, es kann sich auch im Lallen äußern und in Versen, die in ihrer wiedergewonnenen Schlichtheit einen verstörenden Beiklang besitzen.

In seiner 1969 erschienenen Essaysammlung »Sprache und Schweigen« behauptet George Steiner, mit Hölderlin beginne in der Dichtung etwas ganz Neues, nämlich ein Rückzug in die Stille und ins Verstummen. Für Steiner zieht sich von Hölderlin eine Linie über Rimbaud und Nietzsche bis zu Beckett. Parallel nimmt er diese Entwicklung in den leeren Räumen der Malerei wahr und in den tonlosen Intervallen von Weberns Kompositionen und den Hörwelten von John Cage, aber auch bei Wittgenstein und seinem berühmt gewordenen Satz: »Wovon man nicht sprechen kann, darüber muss man schweigen.« Bereits Adorno rückt in seiner 1963 gehaltenen »Parataxis«-Rede Hölderlin in die Nähe von Beckett, ebenso nähert Dieter Henrich die beiden einander in seiner 2016 veröffentlichten Studie »Sein oder Nichts«. Henrich verweist darauf, dass Beckett den Tübinger Turm besucht hat und sein Werk mit Hölderlin-Zitaten durchwoben ist. Eine besondere Nähe stellt er zu den späten Gedichten wie »Der Spaziergang« heraus, in deren »scheinbar kindlich-kunstlosem Ton« und »Unbeholfenheit ... ihrer grammatischen Mittel« sich für Beckett »die Distanz zur Welt« ausdrücke und »die Mühe, die auf jedem Schritt in ihr lastet«. »Gerade in der Schwäche der Worte liegt ihre Kraft, das von ihnen

Ungesagte und nicht mehr Sagbare hervortreten zu lassen. In dem scheinbar nur aufzählenden ›und dann‹ spürt Beckett die immer wieder erfahrene, vergebliche Last der Umwendung des Lebens im Dämmerlicht zu einem Ziel ohne Versprechen«, heißt es bei Henrich.

Für Philippe Lacoue-Labarthe ist Hölderlin ein Avantgardist, der daran zerbricht, dass niemand die Grenzen sprengende Dimension seiner Dichtung zu begreifen versteht. In seinem 1978 gehaltenen Vortrag »Die Zäsur des Spekulativen« insinuiert auch er, dass Hölderlin nicht wahnsinnig war, sondern sich zurückgezogen hat, und zwar weniger aus politischen Gründen, sondern weil er moderner ist als die Modernen und ganze Generationen überspringt. Hölderlin konnte sich gegen die Übermacht der Goethes und Schillers nicht behaupten, ihm blieb nur der Gang in die Vereinsamung. In Lacoue-Labarthes Augen »desartikuliert« sein Werk sich immer mehr; es »desystematisiert« alles.

Heidegger, der den Dichter zum griechisch-germanischen Künder eines neuen Heidentums kürt, das die Seinsvergessenheit überwindet und den Menschen an seine erdhaften Kräfte zurückbindet, erkennt in Hölderlins Rückzug seinen eigenen Rückzug nach 1945. Für beide ist die Zeit noch nicht reif, die Welt versteht sie nicht. Was bleibt, ist Schweigen. Dieses Schweigen ergeht sich freilich nicht in wirklicher Stille, am allerwenigsten bei Heidegger. Schließlich soll die Welt wissen, was dieses Schweigen bedeutet: Es hallt der Welt als Vorwurf entgegen. Hatte Heidegger lange bloß Hölderlins geschichtsmythische Visionen im Blick, erkennt er nun auch im Biographischen die Bruderschaft. Der »fremdländische Name« Scardanelli lässt in ihm den Gedanken aufkommen, »als müßte auch der Dichter sich und sein Eigenstes in ein Fremdes schicken«, was solche Datumsangaben unter den Gedichten unterstreichen, die in eine Zukunft weisen, welche Hölderlin nicht mehr erlebt.

Die veränderte Sicht auf die Turmzeit schlägt sich darüber hinaus in Kompositionen nieder. Sieht man von Brahms' wuchtiger Chor- und Orchesterfassung des »Schicksalsliedes« ab und von einzelnen Hölderlin-Vertonungen durch Hindemith, Eisler und ein paar andere, führt Hölderlin weitgehend ein Schattendasein in der Musik. Dass Adorno in den 1930er Jahren »Die Linien des Lebens« im Zwölftonstil vertont, darf man als Fußnote verbuchen; bemerkenswerter ist, dass er bereits damals ein Turmgedicht wählt. An Bedeutung für Komponisten gewinnt Hölderlin erst durch Sattlers Frankfurter Ausgabe und durch die Diskussionen, die mit Bertaux an Fahrt gewinnen. Wolfgang Rihm vertont »Die Linien des Lebens«, Wilhelm Killmayer nimmt sich fast aller Scardanelli-Gedichte an.

Andere dagegen vertonen nicht einfach Gedichte, sie kreieren Klänge, die sich an der Grenze des kaum noch Hörbaren bewegen und zu weiten Teilen aus Stille bestehen. Heinz Holligers »Scardanelli-Zyklus« und seine »Turm-Musik« entführen in wortlose Weiten, selbst dort, wo Chöre zu scheinbarem Gesang anheben, nur dass die Stimmen verschmelzen mit den Instrumenten und alles Sprachnahe in Silben zersplittern. Zuweilen erzeugen diese Klänge aber auch eine atmosphärische Schönheit, in der alles Zerrissene verflogen scheint. Ebenso konfrontiert uns Luigi Nonos Streichquartett »Fragmente – Stille, An Diotima« mit Klängen, die aus ortlosen Fernen zu kommen scheinen, in denen sie sich wieder verlieren. Nach der Uraufführung kommt die Frage auf, ob Nono plötzlich einen ähnlichen Weg gehen will wie Hölderlin: vom Jakobiner zum Turmbewohner, vom Kommunisten zum Entrückten? In seinen letzten Jahren redet Nono immer häufiger vom Lauschen auf eine Stille, in der sich ganz andersartige Klänge offenbaren, ganz andersartige Geräusche, ganz andersartige Gedanken. Auf die Frage, wer oder was er hätte sein mögen, antwortet Nono wenige Jahre vor seinem Tod: »Der Tübinger Turm, um Hölderlin zuzuhören.«

Ins Schweigen kann man noch mehr hineinlesen als in Gedichte. Es öffnet unendliche Räume. Dabei ist Hölderlin nie verstummt. Bis zuletzt führt er »ungestümme Discurse mit sich selbst«, bis zuletzt schreibt er Papiere voll, so viele, dass niemand glaubt, sie der Nachwelt erhalten zu müssen. Stille kehrt erst ein am 7. Juni 1843. Abends spielt Hölderlin noch Klavier, beim Nachtmahl zeigt er großen Appetit, klagt aber über Bangigkeit, eine Stunde später ist er tot.

Karl-Heinz Ott

Friedrich Hölderlin bei Hanser

Friedrich Hölderlin
Sämtliche Werke und Briefe
Herausgegeben von Michael Knaupp
Drei Bände im Schuber. 2840 Seiten.

Friedrich Hölderlin zählt zu den bedeutendsten Lyrikern der Literaturgeschichte – und zu den umstrittensten. Nicht nur die Deutungen gehen weit auseinander, bereits die Lesart seiner großen Manuskripte wird seit einem Jahrhundert intensiv diskutiert. Michael Knaupps dreibändige Ausgabe wurde von der Kritik als Meilenstein gefeiert.

»Knaupp eröffnet durch sein editorisches Verfahren wundersam klare Blicke in die Gedankenwelt Holderlins.«
Frankfurter Allgemeine Zeitung

Karl-Heinz Ott
Hölderlins Geister
240 Seiten.

Ein Verrückter? Ein Revolutionär? Schwäbischer Idylliker? Nationaler Kriegsheld? Oder der Vorreiter aller modernen Poesie? Friedrich Hölderlin, der Mann im Turm, ist umkämpft wie kein zweiter deutscher Dichter. Karl-Heinz Ott folgt den Geistern, die er rief, bis in unsere Tage.

»Karl-Heinz Ott hat mit seinem lehrreichen Essay einige elementare Fragen gestellt, die das vertraute Hölderlin-Bild ins Wanken bringen. Eine künftige Hölderlin-Philologie wird ohne dieses Buch nicht auskommen.«
Michael Braun, *Der Tagesspiegel*

Rüdiger Safranski
Hölderlin
Komm! ins Offene, Freund!
Biographie. 336 Seiten.

Friedrich Hölderlin ist der große Unbekannte unter den Klassikern der deutschen Literatur: ein Genie des Zusammenwirkens von philosophischer, religiöser und poetischer Kraft. Der 250. Geburtstag im März 2020 ist eine gute Gelegenheit, sich ihm und seinem Geheimnis zu nähern. Rüdiger Safranskis Biographie gelingt das auf bewundernswerte Weise.

»Safranski liefert die Eloge mit großer Werkkenntnis und historischer und ideengeschichtlicher Einbettung.«
Roman Bucheli, *Neue Zürcher Zeitung*

Navid Kermani
Über den Zufall
Jean Paul, Hölderlin und der Roman, den ich schreibe
Edition Akzente, 224 Seiten

Als Navid Kermani im Sommer 2010 kurz vor Abschluss seines monumentalen Romans »Dein Name« stand, übernahm er die berühmte Frankfurter Poetikdozentur. In fünf Vorlesungen nahm er ein großes und gebannt lauschendes Publikum mit auf eine ganz persönliche Reise durch die Geschichte der Literatur in Deutschland.

»Die Verbindung von Intuition und Reflexion, von Inspiration und analytischer Distanz ist ein Balanceakt, der wenigen gelingt. Kermani ist als Orientalist gut vorbereitet auf diese Doppelrolle, und er bleibt bei allem theoretischen Anspruch als Vortragender doch der Fachmann, der Dichten als Handwerk und Kunst als Kunststück zu beschreiben weiß.«
Hannelore Schlaffer, *Süddeutsche Zeitung*